チャイルド社では、子育ての悩みごとにお答えする
Ｑ＆Ａシリーズを刊行しました。

さて、イソップ童話に、
「北風と太陽」というお話があります。

あるとき、北風と太陽が、旅人のマントを
どちらが早く脱がせることができるか力比べをします。
北風は、力いっぱいに強い風を吹きつけますが、
旅人は自分の身を守るために更に身をかがめ、
必死になって抵抗しました。
一方、太陽が旅人をゆっくりあたたかく照らすと、
旅人は自分から気持ちよくマントを脱いだ、
というお話です。

このお話に、子育てに大切な「幹」が感じられます。

厳しい行動や冷たい言葉、力づくで手っ取り早く
人や物事を動かそうとすると、かえって人はかたくなになる。
それよりも、あたたかくやさしい言葉をかけたり、
安心する状況をつくることで、
人は自分から行動するようになるというものです。

子育ては決して、むずかしくありません。
私たちの心のなかに、子どもに寄り添う
あたたかな気持ちさえあれば、小さな芽は自分の力でやさしく、
強く育っていきます。

保護者のみなさまのお力になれれば幸せです。

株式会社チャイルド社　出版・セミナー部

CONTENTS

INDEX

PART 2

場面別　ほめ方・叱り方

子育て基礎知識

ほめ方・叱り方

考え方・対応の基本をお伝えします。

「たくさんほめて育てよう」
「なるべく叱らないようにしよう」
そう思っても現実はなかなか
思うようにはいきませんね。
ついほかの子と比べてしまい
ほめることができなかったり、
家事や育児で忙しく、
叱ることばかり増えてしまったり……。

どうしたら、子どもの心に届く
ほめ方・叱り方ができるのでしょう。

心にとめておきたい、ほめる・叱る意義、
そして、ほめ方・叱り方のポイントを
お伝えします。

ほめることで子どもに育つもの

親子の安定した信頼関係のもと、精神的な土台が育まれます。

自己肯定感

「自分は認められている」
「大切な存在である」
「ありのままの自分でいいんだ」
と感じる心が育ちます。

自分も人も大切に思える心

自分を好きになり、自分を大切に思えるようになります。この思いは生きる力の根源となり、人のことも大切にできるようになります。

挑戦する意欲

自分に自信がつき、いろいろなことに挑戦する意欲をもちます。

親の思い（価値観）

どのような大人になってほしいか、
どのように生きていってほしいか、
親の思いに気づきます。

叱ることで子どもが学ぶもの

何がよくて何が悪いかに気づいていきます。

社会で生きるために必要なルール

危険回避も含めて、社会で生きるのに必要なルールや約束事を知ります。

集団のなかでのふさわしいふるまい

人とつながるために、集団のなかでのふるまいやコミュニケーションのあり方を学びます。

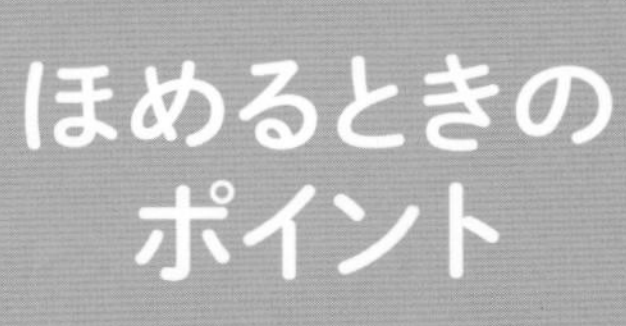

ほめるときのポイント

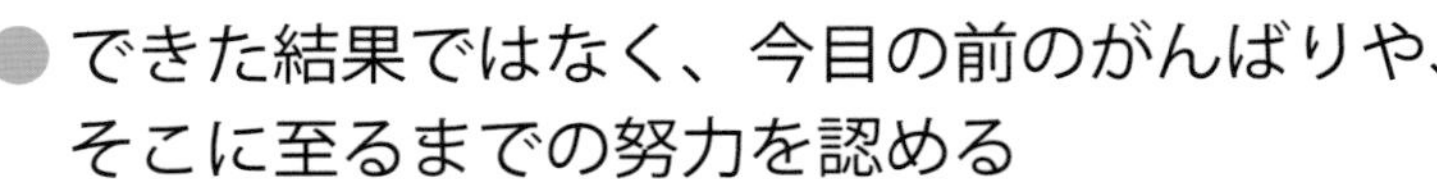

- できた結果ではなく、今目の前のがんばりや、そこに至るまでの努力を認める
- 大人にとって都合のいい「いい子」の姿をほめない
- ほかの子どもとの比較でほめない
- できてあたりまえと親が思うような小さなこともほめる

- まわりに「勝った」ことを理由にほめない
- 失敗したときこそほめるチャンス！次への解決策を一緒に考える機会に
- ほめられることを照れたり、いやがったりするときは、笑顔でうなずくなど態度で示す
- 具体的な行動 ＋「ありがとう」のセットで伝える
- ほめながらのスキンシップも効果的

- 親の感情で叱らない（怒らない）
- なぜ注意されたのかが子どもにわかるように話す
- 子どもの行動には理由がある。まずは子どもの言い分を聞く
- 自分の都合で叱らない
- 脅かしや交換条件で親の言うことをきかせようとしない
- ほかの子どもと比較しない
- 子どもの存在自体を否定しない

- 簡潔に話し、いつまでも引きずらない
- そのとき、その場で注意する
- 子どものよいところを前後に挟んで伝える（サンドイッチの話し方）
- 日によって言うことを変えない

叱るときのポイント

ほめ方・叱り方の悩み

Q1

叱ってばかりで、親も子もつらい

5歳の息子は、何度言っても、服は脱ぎっぱなし、おもちゃも片づけず、帰宅後手も洗いません。食事も食べこぼしがひどくて、一緒にいる間は声をあげてばかり。お互いつらいです。

「ここだけはしっかり注意する」という最低限のラインを決めて。あとは半分目をつむる

子どもの行動には、つい注意したくなることがたくさんありますね。でも、子どもの一挙一動に目を光らせていると、親も子も息がつまってしまいます。子どもは、親だけでなく社会も一緒に育ててくれるもの。あまり気負わず、年齢に応じて、ここだけはしっかり伝えるというラインをつくり、ほかは半分目をつむりましょう。

5歳であれば、ただ「片づけなさい」と言うだけでなく、「これでいいのか」「なぜこれではだめなのか」「どうすればいいのか」を本人に問い、子どもの考えを引き出すことが必要です。

一方的に指示されたことより自分で考えたことは記憶に残りやすく、定着しやすくなります。

子どもの発達に応じた伝え方

0・1歳児	叱る必要はない年齢。危険な行動だけ「危ない」と言いながら素早く止めるなど、体を使って伝える。
2 歳 児	他人に迷惑がかかるときや危険な行動は、短くわかりやすい言葉で伝える。自己主張に対してはすぐに叱らず、まずは受け止める。
3 歳 児	何が悪いかわかっているので、そのうえでの言動には、毅然とした態度で注意する。
4 歳 児	ルールを守ろうとする気持ちが芽生える年齢。まわりの状況を見て、自分の行動に気づかせることも必要。
5 歳 児	善悪を判断する力が育つ時期。悪いとわかったうえでの行為には、「なぜそうしたか」を聞き、どうすればよかったかを一緒に考えて。

脅かす台詞を使ってしまう

夜、なかなか寝ようとしないときや、公園から帰りたがらないときなど、つい「おばけがくるよ」などと脅かして言うことをきかせようとしてしまいます。よくないでしょうか。

年齢が上がると通用しなくなる。子ども自身が「それがしたいから」行動する方向へ促して

親が子どもの恐怖心をあおったり、脅し文句を使うと、そのときは親の言うことをきくかもしれません。しかし、親がなぜ言うことをきかせようとしているのかを子どもが理解できないので、いつも同じような場面で注意することになります。そして、年齢が上がってくるに連れて、脅し文句は現実には起こらないと気づき、親の言うことをきかなくなってしまいます。

または、子どもが萎縮して自分の気持ちを話せなくなるなどの影響を受けることもあります。

「怖いことがあるから」ではなく、子どもが「それをしたいから」行動する方向にもっていきましょう。例えば、帰りたがらないときには、「しりとりをしながら帰ろう」「今日は電車が見られるかな？」など、期待感で自ら行動したくなるような言葉をかけ、行動を促しましょう。

親の養育態度と子どもの育ちへの影響

親の態度		子どもの育ち
・脅かしたり、強制したりなど支配的	→	・不安感が強い、消極的など
・ほったらかし、無視など無関心	→	・気持ちが不安定、神経質、乱暴など
・口うるさい、心配して先まわりするなど、過干渉	→	・挫折に弱い、話しを聞き流すようになるなど
・子どもの要求に従うなど服従的	→	・自由奔放、反抗的、乱暴など

園ではききわけがいい子なのに、家ではわがまま

園では先生の話をよくきき、落ち着いているとほめられる4歳の娘。でも、家ではすぐに癇癪を起こし心配です。あまり叱らないようにしているのですが、もっと厳しくしたほうがよいのでしょうか。

心のバランスをとっている姿の現れ。叱らず、外でも子どもがリラックスできるような配慮を

家の中と外で子どもの様子が違うのは、よくあることです。子どもは複数の環境の中で、自分なりに心のバランスをとっています。家と外、どちらかで心が解放できているのであれば心配いりません。

しっかりやらなければと思いすぎる子、人見知りや緊張しやすい子、気づかいしすぎる子の場合、こうした姿が表れがちです。幼児期に厳しく注意されたり叱られることが多いと、このような姿がさらに強く表れることが考えられます。

叱る・叱らないではなく、外や園でも子どもが緊張せず「失敗しても大丈夫」という楽な気持ちで過ごせるような言葉をかけ、見守ってください。

子どものわがままや要求の背景と対応

スキンシップや気持ちの共有を求める情緒的なもの

- 年齢も頻度も制限する必要がない
- 人に対する基本的な信頼感を育てるためにも、親はしっかりと受け入れることが大切
- 要求が多い場合は、何となく不安や寂しい気持ちがあることも。「大きくなったのだから我慢しなさい」などと抑えつけると、子どもの心は満たされず、要求が激しくなったり、心を閉ざす場合もある

具体的な物を欲しがる物質的なもの

- 制限する必要がある
- 過剰に欲しがる場合は、その物が欲しいわけでなく、自分の要求をどこまで聞いてくれるのかを試していたり、愛情を確認したいという気持ちが隠れていることもある

吐ると、泣いて手に負えなくなる

2歳の息子は、叱られると泣きわめいて手に負えなくなります。先日は、食べものをおもちゃにして遊んだので取り上げると、それが気に入らず激しく泣き、大暴れしました。なだめようが叱ろうがおさまらず、疲弊する日々です。

子どもの「泣きたい気持ち」を受け止めて刺激せず、ゆったり待つ

手がつけられないほどに感情が高ぶっている子どもに対しては「無刺激」が基本です。これは無視するのではありません。新たに何らかの刺激（叱る、押さえつける、怒鳴るなど）を加えることで、今以上に感情を高ぶらせてしまうことを避けるのです。

泣きわめいている感情がエスカレートすると、引きつけを起こしたり、けがにつながることもあります。安全な環境のもとで、「泣きたい気持ちなのね、わかった」「泣き止むのを待っているね」と伝え、「ゆったり待とう」と割り切って、癇癪が落ち着くのを待ちましょう。

その後、子どもが泣きやみ、自分から言葉を発したり行動があったときは「自分で泣くのをやめたね」とほめて、スキンシップをはかりましょう。

イヤイヤ期（第一反抗期）の理解

時期	・自我が芽生え始める1歳半～2歳頃から。4歳頃には落ち着く
背景	・感情をうまく言葉にすることができず、自分の意思が伝わらないもどかしさがイライラに変わる ・脳の前頭前野が未発達で、欲求を抑制することがむずかしい
特徴	・自分の思い通りにしたいという気持ちから、何に対しても「イヤ！」と拒否する ・泣いたりわめいたりして抵抗する
対応	・自立への第一歩だと受け止め、できるだけゆったりと見守りたい ・親の育て方のせいではないので、自分をせめない

叱ると落ち込む娘への対応は?

４歳の娘は私に叱られた後、部屋の隅に座ってじっとしていたり、ものにあたったりし、機嫌がよくない状態が続きます。長いときは２〜３時間引きずることもあり、対応に悩みます。

ほめてから注意し、またほめる「サンドイッチの話し方」で伝える

落ち込みやすいタイプの子どもや、自己評価の低い子どもに注意をするときは、「サンドイッチの話し方」がおすすめです。

まず子どものよいところをほめ（「○○ちゃんは、いつもお友だちにやさしいよね」など）、次に本題として注意をし（「でも、さっきの行動はよいことかな？」など）、最後にもう一度ほめるようにします（「本当はよくわかっているんだよね」など）。

注意される前後に認められることで心が安定します。自分が否定されたという印象がなく、あらためるべき部分もしっかりと記憶に残る、効果的な話し方です。

落ち込みやすい心の背景

すぐに落ち込む、しばらく機嫌が直らないという子どもには、次のような心の背景が考えられる。

① 気質的、性格的な要素
②「こうすればやさしく声をかけてもらえる、許してもらえる」と考えている場合
③「お母さんに嫌われている」「悪い子なんだ」という自己否定の思いがある場合

②③の場合は、親が気づかないうちに子どもを否定するような言葉を使っていることが考えられます。

公共の場でじょうずに叱るには?

公共の施設やスーパーマーケットなどですぐに走りまわる5歳の息子。いくら止めても言うことをききません。大きな声で怒鳴るわけにもいかず、あとで強く叱っても反省せず、同じことのくり返しです。

ルールを守らないとどうなるか、子どもが自分で考える時間をつくる

公共の場には、「走らない」「大きな声で騒がない」など、様々なルールがあります。

子どもがそのルールを守れないのは、その必要性や危険性を理解できていないことが考えられます。そこで、ルールを守らないとどうなるか、まずはその場で子どもに考えさせます。「走るとどんな危ないことがある？」「人にぶつかったらどうなる？」など、リアルな状況を想像できるようにしましょう。

５歳であれば、帰宅後などに、落ちつける場所で「なぜルールがあるのか」「ルールがないと（社会は）どうなってしまうのか」ということまで考える時間をつくれるといいですね。

ルールの伝え方ポイント

子どもにルールを示す場合は、何をしてはいけないかではなく何をするべきかを伝えると、子どもは受け入れやすく、実行しやすい。

（例）

「走らない」 → 「手をつないで歩こう」
「騒がない」 → 「お口を閉じて、座っていてね」
「動いちゃだめ」 → 「ここにいてね」
「けんかしない」 → 「仲よくしようね」

何をどうほめたらいいか わからない

「子どもはほめて育てるのがよい」と聞きました。が、うちの５歳の息子は、おもちゃは散らかしっぱなし、手伝いを頼んでも失敗ばかり、おけいこごとも嫌がってやめてしまい、弟と遊んでばかりいます。ほめるところが見つかりません。

できた結果ではなく、子どもがしていることをそのまま認める

むやみにほめるのがよいわけではありません。また、何かが上手にできたとか、よいことをしたといった結果をほめるのは、子どもが評価されることに敏感になり、大人の顔色をうかがうようになる可能性が大きいです。

子どもにとって必要なのは、その存在を肯定されることです。子どもがしていることをそのまま認める言葉をかけてください。

「手伝ってくれたんだね」「○○くん（弟）の相手をしてくれてありがとう」といったことです。それが、自分はここにいていいんだ、このままでいいんだ、という根源的な自信＝自己肯定感につながります。

評価する子育ての弊害

むやみにほめると…

- ほめられたいから行動する
- 他人の評価を必要以上に気にする
- ほめられないと自分が認められていないと感じる

控えたい表現

- いい子
- えらい
- すごい
- じょうず

ほめても叱っても「イヤ!」

最近、何をするにも「イヤ!」と主張する2歳の娘。服を自分で着ようとしてうまくできないと怒って服を放り投げたりします。手伝おうとすると「イヤ!」。なるべくほめるようにしますが、そのうちイライラして声をあげてしまいます。

「待つ・任せる・見守る」と心に言い聞かせて。親子の信頼関係を育む時期

子どもの「イヤ!」につき合うことは忍耐のいることですが、「イヤ」が始まってからの子育てのポイントは、「待つ・任せる・見守る」です。これは子どもの思いを尊重し、安全な環境で子どもの意欲を見守るということです。

親は、ほめる・叱ることで言うことをきかせようとするのではなく、「これが着たいんだよね」「自分でやりたいんだね」と子どもの思いを代弁・共感し、「待っているよ」という姿勢をみせましょう。

子どもが自分でしようとしてうまくできないでいるときは、さりげなく手助けをして、「自分の力でできた」という達成感を感じられるようにしましょう。

ただし、怒ってものを投げるという行動は危険が伴うため、発達に応じて短くわかりやすい言葉でしっかりと注意する必要があります。

子どもの「イヤ!」への対応法

※「イヤイヤ期の理解」(p.11 参照)

子どもの感情を受け止め言葉に出して共感する

「自分でしたいのね」「泣きたいのね」 など
(感情を否定しない)

「○○がイヤなのね」「これが着たいのね」
「○○がほしかったのね」など

ブレイクタイム

♪ポケットの中から〜

Message

「ねばならない」から自分を解放し、肩の力を抜いて今を楽しみましょう

●**やまとくんママ**
子育てのモットーは「元気が一番！」。でも、パワフルな息子に日々振りまわされている。

●**やまとくん（4歳）**
心やさしいガキ大将。体を動かすのが大好きで、ときにやんちゃがすぎることも。ヒーローごっこと虫に夢中。

Message

子育ては、うまくいかないことだらけ。失敗しながら親子で成長していきましょう

●ここ・みゆママ
アイドル好きのキャピキャピママ。２人の娘とは、「友だち親子」。

●みゆちゃん（３歳）
明るくて積極的な、甘え上手のおませさん。好き嫌いがはっきりしている。ぬいぐるみとままごと遊びがお気に入り。

●ここちゃん（５歳）
みゆちゃんの姉。やさしいしっかり者だが、甘えん坊の一面も。かわいいものが大好きで、荒っぽい男の子は苦手。
（４ページに登場）

なんちゃってポテト

場面別 ほめ方・叱り方

Q 1

友だちの使っている
おもちゃを取ろうとする

3歳の娘は、自分の使っているおもちゃは貸さず、友だちの使っているものが欲しければ力づくで取ろうとします。自己中心的な子どもになってしまうのではと心配です。

自己主張は成長の証。
大人が思いを言葉で代弁して

3歳くらいまでの子どもにとって、「そのおもちゃが欲しい」と自己主張できることは順調に成長している証です。叱る必要はありません。友だちとトラブルになりそうなときは、大人が間に入り、「貸してほしかったのね。貸してって言おうね」とくり返し伝えましょう。

相手から「いや！」と言われたり、自己主張がぶつかってけんかになることもありますが、それは子どもにとって学びのチャンス。「自分と同じように相手にも気持ちがある」ということを知る大切な経験です。これらの経験を積むことで、少しずつ、「どうしたらうまくいくのか」が考えられるようになっていきます。

社会性の発達 ① 0～3歳頃

※「社会性の発達 ② 4～6歳頃」（p.24 参照）

8か月頃～	・知っている人と、知らない人の区別がつき始め、人見知りが始まる
1歳3か月頃～	・ほかの人や子どもへの興味が広がり、かかわりを求めるようになる ・ほかの子のおもちゃを取ったり欲しがったりするようになる（同じもので遊びたい気持ちの表われ）
2歳頃～	・大人の表情を見て、よい悪いを判断できるようになる
3歳頃～	・特定の友だちができたり、一緒に遊びたがったりする ・子ども同士の遊びは、まだ「並行遊び」 ・「貸して」「どうぞ」のやりとりができるようになる

園や公園の帰り、「帰らない」と泣いてごねる

園のお迎えや、公園からの帰りには、「まだ遊びたいから帰らない」と泣く息子を無理やり連れて帰る毎日。叱ろうがなだめようがききません。叱らずにすむ方法が知りたいです。

子どもに、「いつまで」とラインを決めさせる

「まだ遊びたいんだよね」と、まずは子どもの気持ちを言葉にして受け止めましょう。気持ちをわかってもらえたと感じると、子どもの心は落ち着きます。その後、「すべり台をあと何回したら終わりにできる？」などと聞き、子どもが自分で終わりを決めて答えられるようにしましょう。「じゃあ、あと少しだけね」などと曖昧な区切りにすると子どもには理解しにくく、後で同じようにごねることになります。子ども自身が見通しをもって終わりにできることが大切です。

そのうえで、なぜ子どもがまだ帰りたくないのか理由を探ります。多いのは、玩具や遊びに対する執着です。その場合、担任の先生に遊んでいる玩具を覚えておいてもらい、「大丈夫、また明日、続きができるよ」と遊びの保障をすることで、安心して帰れることもあります。

「帰らない」と言う子どもの心の背景

子どもが「帰りたくない」という場合、玩具や遊びへの執着が理由であることが多いが、「家に帰りたくない」ほかの理由が隠れていることも。それを見極め、改めることが必要。

子どもの心の背景

- □ 家で叱られることが多い
- □ ピアノの練習やワークなど、しなければならないことが待っている
- □ きょうだいがいて家では親にあまり構ってもらえない
- □ 家で自由にさせてもらえない
- □ 遊ぶ相手（きょうだいなど）がいなくて寂しい
- □ 家族の仲が悪く、家の雰囲気が暗い

嘘をつく

4歳の娘が、嘘をつくようになりました。最近も、おもちゃを壊したことを妹のせいに。どのように叱ったらよいのか悩みます。

頭ごなしに叱らないで。自己肯定感が高まれば嘘は減る

叱られないために嘘をつく行為の背景として、日常的に叱られていることや、自己肯定感の低さが考えられます。叱られたことのストレスを何らかの方法で晴らそうとおもちゃを壊し、叱られたくないから嘘をつく、嘘をついたことでまた叱られる、という悪循環になっているのかもしれません。

このような場合、嘘に気づいても、子どもを追い込んだり、頭ごなしに叱るのはやめましょう。「本当のことを話してくれるまで待っているね」と、自分から事実を言えるように促します。子どもの言い分を聞く姿勢を示していると、子どもは「お母さんはきっと私のことをわかってくれる」「正直に話してみようかな」と考えるようになります。

子どもが正直に言えたときは、「本当のことを話してくれてうれしいよ」と十分に認めましょう。“正直に話せば喜んでくれる・ほめられる”という経験を重ね、自分は認められているという自己肯定感を高めることで、このような嘘は減っていきます。

子どもの嘘の種類と対応

	叱られたくないための保身の嘘	周囲の注目をひくための嘘	空想の入り混じった嘘
原因	自己肯定感が低い	周囲に認められたい思いがある	空想の世界を楽しんでいる
対応	小さなことでも認め、自信をもてるようにする	スキンシップを多くとるなど「いつも見ているよ」というメッセージを送る	心が育っている表れであり、心配する必要はない

片づけない

おもちゃを次から次へと出して遊ぶ５歳の息子。「片づけなさい！」と言ってもまったく片づけようとしません。どうしたら片づけられる子になるのでしょう。

親子で楽しく一緒に片づけて「きれいになって気持ちいい」を共有

幼児期の子どもに片づけの必要性をわかってほしいと思っても、理解するのは難しいことです。「片づけないなら全部捨てるよ」などと脅して片づけさせると、「片づけ＝怒られる＝嫌なこと」とマイナスのイメージになってしまいます。

子どもに片づけの習慣をつけたい場合、親子で一緒にゲーム感覚で楽しく片づけることもおすすめです。そして、「きれいになると気持ちがいい」という感覚をくり返し経験することが大切です。

例えば、「色さがし競争」。「青いものと赤いものとどっちを片づけたい？」と子どもに選ばせて、「どっちが先に片づけられるか、よーいドン！」と、親子で競争してみましょう。「大きなものと小さなもの」「柔らかいものと硬いもの」など、いろいろなカテゴリーで片づけを楽しんでみてください。

子どもにも片づけやすい収納の工夫

片づけを習慣にするには、子どもが楽しく片づけやすい収納を工夫することも大切。

（例）

視覚的に工夫する

側面に入れるものの写真を貼っておいたり、箱を用意し、色別におもちゃを分類するなど

物語性をもたせる

人形はベッドに見立てた平たい箱に、ミニカーは駐車場に見立てた仕切りのある箱に片づけるなど

おもちゃを乱暴に扱う

２歳の息子はおもちゃを投げたり、踏んだりしても平然としています。「やめなさい」「壊れちゃうよ」と注意すると、そのときはやめてもまた同じことのくり返しです。

３歳ごろまでの子どもには「アニミズム」を利用して ものの気持ちを想像できるようにする

ものを大切にする気持ちを育むには、ものの気持ちを想像できるように促すことが効果的です。幼児期の思考の特徴として、命のないものをあたかも意志があるかのように擬人化して考える「アニミズム」という心理作用があります。

「壊れちゃうよ」ではなく、ものに向かって「痛かったよね」と伝え、やさしくなでてみせましょう。

時期が来たら、生きているものと無機的なものの区別をしていくようになるので、個人差はありますが４歳前後になったら、「ものが壊れたらどうなるか」「まわりの人や自分はどんなふうに困るのか」を話していきましょう。

アニミズムと幼児における心理作用

アニミズム

生物、無機物を問わず、すべてのものの中に魂が宿っているという考え方。

幼児の心理作用としてのアニミズム

⇒　積み木や食べものにも生命や意志があると考える。
- 「くまさん（ぬいぐるみ）が泣いているよ」と言われると、やさしくなでたりする
- 太陽や花などの絵に、目や口を描く

「これを着る!」と譲らない

4歳の娘は毎朝、自分で選んだお気に入りの服を着たがります。私が何を出しても気に入らず、怒って泣き叫びます。毎日のように登園前にくり返されるバトルに、ほとほと疲れてしまいました。

親が大枠を決めて あとは子どもが自由に選ぶとスムーズ

子どもは1歳半頃から自我の芽生えとともに「自分の力で何とかしたい」という気持ちが強くなり、何でも「イヤイヤ」と言う第一次反抗期が始まります。3歳を過ぎるころから「イヤイヤ」は減りますが、「何でも自分でやりたい」という気持ちは残り、言うことをきかされることに反発を覚えます。

このような時期は、「こうしなさい」ではなく、「この中で好きなものにしていいよ」とプラスの言葉で伝えましょう。洋服なら、親がいくつか選択肢を提示し、その範囲内で子どもが自由に選びます。寒いのに半袖を着たがる場合や、暑いのに長い靴下をはきたがる場合は、引き出しの中を着てもよいものだけにして、子どもが何を選択しても問題ないようにしておきましょう。

達成感を育む支援のポイント

「自分でやった」という達成感が得られると、子どもは新しいものごとに挑戦しようとする意欲が育まれる。そのために、「手伝ってもらった」を感じさせない支援の工夫が必要。

(例)

- 自分で選んだ気持ちになるよう、選択肢を用意する
- 自分でできたと感じられるように、衣類なら、ひとりで着られるものを用意する
- 親が手本となりながら、子どもは子どもでおこなう
- クッキングなどでは、盛りつけ、仕上げを子どもがする

友だちを仲間外れにする

５歳の娘は「お家ごっこ」がお気に入り。子どもの話を聞いていると、いつも同じ友だちの名前しか出てきません。「ほかの子は入らないの？」と聞くと「〇〇ちゃんはピンクの服を着てこないから入れないの」などと意地悪をしている様子。どのように話せばよいでしょうか。

どんな理由があっても意地悪をしてはいけないと真剣に伝える

子どもは少しずつ友だちを選んで遊びたがるようになります。遊びの内容やその遊びの得意な子と遊ぼうとするからで、自然な発達の姿です。子どもには仲間外れにしている気持ちはないかもしれません。ただ、５歳ならば、相手の気持ちが想像できる年齢です。仲間に入れてもらえない友だちがどんなに寂しい思いをしているか、もし自分が同じことをされたらどうか、真剣に問いかけます。

また、友だちにいやな思いをさせている子は、まわりの友だちにどう思われているかについても考えさせましょう。「意地悪をする子と一緒に遊びたいか」「意地悪な子にやさしい友だちができるのか」など、意地悪なことをしてもよいことは何もない、と感じるように話しましょう。

社会性の発達　②４～６歳頃

※「社会性の発達　①０～３歳頃」（p.18 参照）

４歳頃
- 友だちと競争をして勝ちたい、という気持ちが強くなる
- 負けると悔しく、けんかになることもある
- 人から見られる自分に気づき始める
- 友だちの気持ちに気づけるようになる

５歳頃
- 同じ目的をもった活動を友だちとおこなうようになる
- 友だちを選んで遊びたがるようになる
- 道徳的な基準が備わり始め、反道徳的な行為をする子やルールを守れない子を非難することもある

６歳頃
- 友だちと遊ぶことが楽しくなり、子どもの世界を広げる
- 仲間同士、話し合いをして何かを決めることができるようになる

園の先生から注意があった

園の先生に「友だちを叩いて困ります。おうちでよくいいきかせてください」と言われてしまいました。これまでも厳しく注意してきましたが、何も変わりません。どう対応したらいいのでしょうか。

叱る前に、まずは子どもの共感者に

子どもの行動には理由があります。心が穏やかで安定しているときは、人やものに対して乱暴な行動はとりません。乱暴な行動や怒りは「誰か自分の気持ちをわかって」というサインです。頭ごなしに叱られるだけでは、子どもは自分の気持ちを否定された悲しさで心を閉ざしてしまいます。

叱ったり、注意をする前にまずは、子どもの心の共感者になりましょう。「なぜそういうことをしたくなったの？」と聞き、「それほど怒りたい気持ちだったのね」と受け止めます。すると子どもは「気持ちをわかってくれた」と落ち着くことが多いもの。そのうえで「さっきは悔しくてこういうことをしてしまったけど、友だちはどんな気持ちかな」「どうしたらよかったかな？」と、相手の気持ちを想像できるように促し、子どもの言葉を待ちましょう。

自分で考えて出した答えは、子どもの記憶に深く残り、そのくり返しは少しずつ、たたく行為のブレーキになっていきます。

子どもの心に寄り添うカウンセリングマインド

カウンセリングマインドとは

相手の心の問題や悩みの相談にのり、援助をするときの心構えや態度のこと。

子どもと向き合う際に意識したいカウンセリングマインド

- 子どもの気持ちを共感をもって受け止める
- 子どもの可能性を信じる
- こうあるべきと決めつけない
- 子どもから学ぶところもたくさんあると、謙虚な気持ちで接する
- 子どもが自分で気づくのを待つ

テレビやゲームをやめない

テレビやゲームの時間を決めても守らず、「やめなさい！」「約束だよね」と叱ってもききません。自宅で仕事をしているため、ついついテレビやゲームに子守りをさせてしまったことも悪いと思うのですが。

テレビやゲームより楽しい親子のコミュニケーションを

テレビやゲームの時間を守るためには、子どもが自分で終わりの時間を決めること、そして、終わった後に待っている楽しみがあるといいですね。仕事などで一緒に遊ぶ時間がないのなら、例えば掃除や洗たく、食事の支度を手伝ってもらうのはどうでしょう。子どもはお手伝いが大好き。「やらされる」のではなく、「やってみたい」と思えるような作業（料理なら、こねる、ちぎる、丸めるなど）を一緒にしてみましょう。

遊びを切り上げる習慣がつくまでは、約束をした時間に食事の支度を始めるようにするなど、おうちの人の配慮も必要です。

時間を守る習慣づけの工夫

親が　やめさせる”のではなく、自分で約束を守って　やめた”と感じられる工夫をする。

（例）

タイマーや目覚ましを子どもに「セット」させる

「この番組が終わったらテレビは終わり」「ゲームは30分ね」と約束をし、それに合わせてタイマーや目覚ましを設定し、「セット」を子どもにさせる。

自動で電源がオフになる設定を使う

３・４歳まではまだ「時間」を理解できない。「これを見たら終りね」と伝え、時間が来たら画面が暗くなることをくり返し経験させて、「終わり」を理解させる。

話しかけても返事をしない

話しかけても返事をしないことがよくあります。「聞こえているなら返事をしなさい」と言っても無視。大きな声で叱ると、イヤイヤ返事をする感じです。しっかり話を聞いてほしいのですが。

話し方、タイミングを見直して。

日頃、子どもの行動に対しての声かけや注意が頻繁ではありませんか。怒った口調、イライラした口調で話しかけていないでしょうか。

子どもが話を聞かない場合、「多くのことを言われすぎていて返事をするのが面倒」または「何かを強く言われるストレスから自分を守っている可能性」もあります。これは脳の自己防衛本能によるもので、意図的に無視しているわけではなく、ある意味、本当に聞こえていないこともあるのです。ですから、さらに叱ることで返事を求めるのは逆効果です。

子どもの思いやタイミングを一度、考えてみてください

子どもが話を聞く気になる工夫

（例）

マイナス語をプラス語に言い換える

「残すと大きくなれないよ！」　→　「食べると大きくなれるね」

視覚的な力を借りる

子どもは目に入るものに心が向く傾向がある
「片づけなさい！」　→　「つみきをこの箱に入れよう」

子どもの好きなものを登場させて話す（ユーティライゼーション）

相手の興味・関心に合わせた話し方をすることで、耳を傾ける効果がある。
「早く起きなさい！」　→　「お隣のポチはもう起きてるかなぁ？」

道などで走り出す

4歳の息子は、園からの帰り道などですぐに走り出します。危ないので「待ちなさい！」「走らないで！」と言うのですが、言うことをききません。追いかけて手を取り、「何度言ったらわかるの！」と怒りながら帰宅する毎日です。

3歳を超えたら道路の危険性と怖さを厳しく言い聞かせて

なぜ「子どもが走りたくなるのか」を観察してみましょう。親が迎えに来てくれた安心感に、屋外に出た解放感が加わり、発散したいのかもしれません。または、早く家に帰りたい思いがあるのかもしれません。それを見極めたうえで、3歳をすぎたら、道路の危険性と怖さをしっかり知ることが必要です。大人が真剣に厳しく伝えるとともに、映像や絵本で、自分の命を守るためにどうしたらいいのかを子どもが感じられるようにしましょう。

3歳までは手をつなぐ約束をします。「今日はどの指をつないで歩こうか」と、つなぐ指を子どもに選ばせたりして、手をつなぐことが楽しみになるような工夫をしてみましょう。

真剣に話す・叱る必要があるときとは

子どもが泣いたとしても厳しく注意することが必要な「とき」がある。理屈ではなく「いけない」としっかり伝える。

- 自分の身に危険があるとき
- 人に迷惑をかける、けがをさせる危険性があるとき
- 悪いこととわかっていて、その行動をしたとき

「欲しい」「やりたい」が我慢できない

スーパーに行くと必ず「がちゃがちゃ」をやりたがります。「今日はやらない！」といっても頑としてその場を離れず、手を引くと大騒ぎになり、こちらが折れてしまいます。取ったおもちゃは放置し、遊びません。

A 何か一つルールを決めて。おうちの人も折れないことが大事です

自分と子どもとの間でルールをつくりましょう。スーパーから帰る際、何か一つ約束ごとを決め、「それができたら次に来たときに買う」というルールにします。

約束する内容は、今、子どもの課題になっていることがいいでしょう。例えば、「今から帰るまでお店や道路を走らない」「帰ったら、靴をそろえる」などです。それができたときは、たくさんほめて認めましょう。

子どもは、自分で努力して手に入れたときに達成感や喜びを感じ、心が育ちます。また、自分で努力して手に入れたものは、何もせずに買ってもらったものよりも大切にする気持ちが生まれるはずです。

感情をコントロールする力を育む対応

好き、嫌いの気持ちがはっきりしてくる３歳頃から、感情をコントロールする力を育てていく。

（例）

キッパリした態度をとる

好きでもやれないこと、嫌いでもやらなくてはいけないことがあることを学ぶ。

友だちとのケンカをすぐに止めない

様子を見て間に入り、互いの気持ちを言葉で代弁するなどし、気持ちをしずめる経験をくり返す。

ブレイク
タイム

同じ世界にいたいの

Message

ほめる・叱るは、「こう育ってほしい」を伝える親からのメッセージです

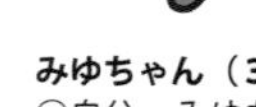

かんごくん（2歳）
○自分＝ボク
○父母＝ママ・パパ
○正反対のやまとくんから強いインスピレーションを受けている。
○みゆちゃんは好きだけど「LIKE」のほう。

みゆちゃん（3
○自分＝みゆち
○父母＝ママ・
○大好きなかんんにいつもちかいを出す。

●かんごくんママ
おだやかなナチュラル志向ママ。子どもの個性を大切にしている。

●かんごくん（2歳）
おっとりと静かだが、ときに予想外の行動も。自分の好きなものに対しては独自のこだわりがある。お絵描きが好き。

大切なお気に入り

子育ては、「ま、いっか」と気楽に考えることが大切です

ちゃん（5歳）
＝ここちゃん
ねえちゃん
＝ママ・パパ

やまとくん（4歳）
○自分＝オレ
○父母＝とーちゃん・かーちゃん
○かんごくんを弟のようにかわいがっている。
○最近ここちゃんが気になる……。

チャイルドショップ 検索

保護者の方向け・子育て応援アプリ

Android・iPhoneで使用できます

チャイルドショップアプリ

小さいお子様をお持ちの方へ

NEW

ニュースをお知らせ!!

子育てに関するニュースやイベント、お得なクーポン情報等をお届けします。

役立つコラムを掲載

育児のヒントになる読み物やお子様の身体に良い食材を利用した献立などを掲載。

いつでもお買い物!

0〜6歳児向け玩具や子育てに便利な商品がいっぱい。お誕生日プレゼントにいかがですか？

100円〜ポイント還元

通常100円で1ポイント進呈。ボーナスポイントデーも、、、

OFF

お得なクーポンを配信中!!

初回ご登録時やお誕生日月などはクーポンを配信！

保護者の方のお役に立つ子育てコラム・イベント情報オンラインショップにお得なクーポンなど配信